Flávia Martins de Carvalho

Meninas sonhadoras, MULHERES CIENTISTAS

• LINGUAGENS E CIÊNCIAS HUMANAS •

1.ª edição - Campinas, 2022

Para minha mãe, dona Maria de Fátima, que, mesmo sem ensino superior, sabe tudo de tudo!

Para minha sobrinha Júlia e meus sobrinhos Benício e Heitor.

MOSTARDA EDITORA

EDITORA MOSTARDA
www.editoramostarda.com.br
Instagram: @editoramostarda

Direção: Pedro Mezette
Coordenação: Andressa Maltese
Revisão: Elisandra Pereira
Marcelo Montoza
Nilce Bechara
Diagramação: Ione Santana
Ilustração: Leonardo Malavazzi
Henrique S. Pereira

Dados Internacionais de Catalogação na Publicação (CIP)
(Câmara Brasileira do Livro, SP, Brasil)

Carvalho, Flávia Martins de
Meninas sonhadoras, mulheres cientistas : linguagens e ciências humanas / Flávia Martins de Carvalho. -- 1. ed. -- Campinas, SP : Editora Mostarda, 2022.

ISBN 978-65-88183-76-2

1. Mulheres - Biografia - Literatura infantojuvenil 2. Mulheres - História - Literatura infantojuvenil 3. Personalidades - Biografia - Literatura infantojuvenil I. Título.

22-114586 CDD-028.5

Índices para catálogo sistemático:

1. Mulheres : Biografia : Literatura infantil 028.5
2. Mulheres : Biografia : Literatura infantojuvenil 028.5

Cibele Maria Dias - Bibliotecária - CRB-8/9427

Prefácio

"O título deste livro de Flávia Martins de Carvalho é só a ponta do *iceberg* imenso que ele esconde. Flávia vai muito além de uma lista de biografias ilustres, ela homenageia, celebra e canta de forma humana e sensível vinte mulheres com histórias inspiradoras, de sucesso e de superação.

Curioso pensar no critério de seleção aqui empenhado. Afinal, como chegar a vinte nomes importantes diante de tantas mulheres potentes? E aí percebemos que Flávia está montando um álbum de mulheres que marcaram a sua vida, sendo ela mesma uma mulher talentosa e inspiradora. Assim como Flávia, a maioria das mulheres elencadas é negra e brasileira, mas há destaque também para mulheres indígenas, brancas e estrangeiras. Elas atuam em diversas áreas, mas todas unem suas atividades profissionais com ações afirmativas e sociais.

Aliás, o conceito de ciência aqui envolvido é amplo, algo próximo das ideias de descoberta, invenção e transformação, pois acontece nestas páginas um desfile de escritoras, jornalistas, filósofas, advogadas, engenheiras, químicas, entre outras especialidades, tudo alinhavado por um inesperado cordel que brinca com a palavra e faz brilhar ainda mais as biografias poetizadas.

Quando damos por conta estamos numa grande ciranda de mãos dadas com mulheres magníficas que atuaram e atuam para termos um mundo melhor, mais justo, mais inclusivo, mais saudável, mais bonito, mais democrático, mais abundante, mais feliz. E enquanto giramos, giramos e aplaudimos essas mulheres nos damos conta que a roda só faz crescer e cada vez vem entrando mais e mais mulheres nela. Agora você também faz parte."

Elizabeth Cardoso, escritora, doutora em Teoria Literária e professora do Programa de Literatura e Crítica Literária da PUC-SP.

Sueli e o amor à sabedoria

Desde bem pequenininha, ela se punha a pensar.
Pensava daqui e dali, pensava aqui e acolá.
Escrevia o que pensava, mas não só para agradar.
E conforme foi crescendo também se pôs a falar.

Virou grande palestrante do Brasil e de além-mar.
Pensava sobre as mulheres e onde deviam estar.
Não via mulheres negras em muitos outros lugares,
A não ser limpando casas em que serviam jantares.

Mulheres negras pensavam, disso ela tinha certeza!
Então por que não estavam junto das outras à mesa?
Descobriu que tinha algo muito errado neste mundo.
Era uma espécie de morte de um saber tão profundo,
Nascido no continente que foi o berço do mundo,
Tinha nome diferente essa forma de ocultar
E deixar bem escondido esse saber secular.

Ela logo se tornou uma grande pensadora.
Com sua filosofia, reuniu batalhadoras.
E o Geledés hoje é espaço de luta e grande saber,
Mostrando que a mulher negra tem muito a oferecer.
Mulheres negras, sem espaço, com ela ganharam voz,
E hoje agradecemos por ter Sueli entre nós!

***Sueli Carneiro** é escritora e filósofa. A palavra "filosofia" é bem antiga e significa "amor à sabedoria". Assim, Sueli se dedica a pensar com amor sobre maneiras de tornar o mundo melhor. Ela também participa do movimento antirracismo, que luta contra o racismo e a favor da igualdade entre as pessoas. Sueli fez muitas coisas incríveis, e uma delas foi criar o Geledés — Instituto da Mulher Negra. Ela é considerada uma das principais vozes no Brasil contra o racismo e em defesa das mulheres negras.*

Lélia e o estudo do ser humano

Ela veio ao nosso mundo
para ser especial.
Lélia, uma cientista
Que sempre foi genial!

Era esperta e antenada
E falava muito bem.
Quando Lélia se chegava,
Não tinha para ninguém.

História e Filosofia
Ela também estudou.
E com a Antropologia
Um mundo revelou.

Pensava a mulher preta
Quando era novidade
Olhar gênero e raça
Além de classe e idade.

Era uma pensadora
De muito potencial.
E com isso nos legou
Um saber fenomenal!

Ela cedo foi embora
E deixou muita saudade.
Mas, onde quer que ela esteja,
Haverá felicidade!

***Lélia Gonzalez** foi uma pensadora negra brasileira, escritora, política, professora, filósofa e antropóloga. Ufa! Para fazer tudo isso tem que ser mesmo genial! Lélia dedicou boa parte de sua trajetória à Antropologia, que significa o "estudo do ser humano". Foi pioneira nos estudos sobre Cultura Negra no Brasil, ou seja, uma das primeiras pessoas a se dedicar a esse tema. Além disso, ajudou a criar diversas coisas legais, como o Instituto de Pesquisas das Culturas Negras do Rio de Janeiro (IPCN-RJ), o Movimento Negro Unificado (MNU) e o grupo musical Olodum.*

Ruth e os direitos das mulheres

Sempre brigou por justiça,
O justo era seu ideal.
E entrou para a História
Por seu saber sem igual.

Casou-se ainda nova
E logo teve dois filhos,
Mas não deixou que a família
Fosse um grande empecilho.

Entrou para a faculdade
E se formou em Direito.
Assim como o seu amado,
Que sempre lhe teve respeito.

Foi grande advogada
Pela causa das mulheres
E defendeu o direito
De fazerem o que quiserem.

Fez nome e alcançou
O topo da sua carreira:
Entrou para a Suprema Corte,
Mas não a corte brasileira.

Era norte-americana
Essa mulher estrangeira,
Mas que nos trouxe um saber
Que desconhece fronteira!

Por isso é que levantamos
Ainda a sua bandeira,
Por igualdade de gênero
Na humanidade inteira.

***Ruth Bader Ginsburg**, também conhecida como RBG, foi uma advogada e juíza norte-americana. Ela estudou Direito e foi a segunda mulher a ser juíza da Suprema Corte dos Estados Unidos. Uma façanha e tanto! Ruth defendia com muita paixão os direitos das mulheres. A sua história é tão fascinante que foi contada no filme "Suprema", lançado em 2018.*

Flávia e o Jornalismo de verdade

Pense em uma mulher
Que já nasceu bem sabida.
Foi assim que veio ao mundo
Flávia Oliveira querida.

Quem conhece sabe bem,
Ela tem alguns amores.
Um é seu neto Martin,
E outro tem duas cores.

É azul da cor do céu
E branco da cor da paz.
A sua escola de samba
Já há muitos carnavais.

Sambista de coração,
Ela é da Beija-flor
Que, passando na Avenida,
Muitas vezes já ganhou!

Sobre sua profissão
Flávia sabe o que diz.
É formada em Jornalismo,
Profissão que a faz feliz!

Quem trabalha com a notícia,
Como a Flávia sempre faz,
Tem que dizer a verdade,
Senão fica para trás.

E quem quer contar mentira
E espalhar "fake news"
Não será bom jornalista
Para o nosso Brasil.

Flávia Oliveira é hoje
Uma grande jornalista,
Não espalha "fake news"
E traz verdade na notícia!

Flávia Oliveira *é uma jornalista brasileira. Nascida e criada no Rio de Janeiro, ela é apaixonada pelo Carnaval e pela escola de samba Beija-Flor. Tornou-se avó de Martin, um de seus amores, em 28 de dezembro de 2020. É colunista do jornal "O Globo" e da rádio CBN, além de comentarista da TV Globonews.*

Débora e as Ciências Sociais

Nascida em Alagoas,
Foi de lá que ela veio.
Menina que muito esperta
Não ficava pra escanteio.

Miúda e bem branquinha,
Desde bem pequenininha,
Já tinha maturidade
Lutando pela igualdade.

Foi assim que estudou
As Ciências Sociais.
Ela tudo observava:
Coisas, gente, animais.

Fez filme, documentário,
Escreveu livro também.
E por onde ela passou
Sempre ensinou muito bem!

Hoje, longe do Brasil,
Defende com a razão
O direito de mulheres
Quererem ser mãe ou não.

Isso tem um nome próprio:
"Direitos reprodutivos".
Em muitos lugares do mundo,
Já não tapam os ouvidos
Quando as mulheres unidas
Dizem que vão decidir
O que fazer com seus corpos
Sem o Estado intervir.

Incomodou gente chata
Que não queria pensar,
Mas Débora veio ao mundo
Para nos iluminar!

E hoje ela nos guia
No Instagram aos domingos,
Onde segue ensinando,
Com seu singelo sorriso,
Sobre o mundo da pesquisa,
Coisas que são sem igual.
Porque Débora Diniz
É muito sensacional!

Débora Diniz *estudou Ciências Sociais e Antropologia. Ela estuda o ser humano e a maneira como ele se organiza no mundo. Além de ser professora, Débora escreve e faz filmes sobre muitos temas, como os direitos das mulheres. Ela é uma das cientistas mais premiadas do Brasil.*

Dorina e a Educação para todos

Dorina, quando nasceu,
Tinha toda a visão,
Mas veio uma doença
Que lhe trouxe a escuridão.

Foi aos dezessete anos
Que o mundo se fez breu,
Mas Dorina prosseguiu
Nos sonhos que escolheu.

Foi estudar muito longe,
Formou-se em Educação,
Aprendeu a ensinar
Para quem não tinha visão.

Com tudo que aprendeu
E tinha para mostrar,
Ela logo percebeu
Que algo precisava mudar.

Pois o mundo ainda era
Este difícil lugar
Que com as pessoas cegas
Não aprendia a lidar.

Passou então a buscar
Uma forma de incluir
Gente que não enxergava
E tinha muito a contribuir.

Criou sua Fundação
Para ampliar o saber
E com o método Braille
Toda pessoa cega ler.

Dorina, sem ter visão,
Ao mundo só trouxe o bem.
Cumpriu a sua missão
E não esqueceu ninguém!

***Dorina de Gouvêa Nowill** se formou em Educação e se especializou em Educação para pessoas cegas. Ela trabalhou muito para a criação de leis a favor das pessoas cegas e criou a Fundação para o Livro do Cego no Brasil. Dorina foi muitas vezes premiada por seu trabalho. Nada mais merecido! A Fundação que ela havia criado passou a se chamar Fundação Dorina Nowill para Cegos e atua na inclusão social de pessoas cegas e com baixa visão por meio de diversas iniciativas, como a distribuição gratuita de livros em Braille, que é um sistema de escrita e leitura para pessoas cegas.*

Ngozi e a Economia

No continente africano
Nasceu essa grande mulher.
Ngozi Okonjo-Iweala
Não é pessoa qualquer.

Seu país é a Nigéria,
Onde ela se formou.
Uma grande economista
Ela logo se tornou.

Em seu país de origem,
Foi ministra das finanças
E conseguiu ter sucesso
Porque levou esperança.

Por seu incrível trabalho,
Foi muito reconhecida.
Em um novo projeto
Ela então foi envolvida.

Ngozi foi convidada
Para a OMC.
A Organização de Comércio
Você deve conhecer.

Eles tratam do comércio
Em escala mundial,
Por isso que o convite
Foi algo tão sem igual.

Ngozi foi comandar
Essa instituição.
E hoje faz seu trabalho
Com força e dedicação!

Primeira mulher no cargo
A comandar a OMC.
Sem dúvida, seu trabalho
Todos merecem saber!

Aplausos para Ngozi,
Essa grande economista,
Que saiu lá da Mãe África
E hoje por todos é vista!

Ngozi Okonjo-Iweala *nasceu na Nigéria, o país mais populoso do continente africano. Ngozi se formou em Economia e ocupou cargos importantes no governo da Nigéria. Ela ficou conhecida por ser capaz de enfrentar problemas que pareciam não ter solução. Em 2021, Ngozi se tornou a primeira mulher a comandar a Organização Mundial do Comércio (OMC).*

Arissana e as Artes Plásticas

Arissana é uma indígena
Da etnia Pataxó.
Quando era uma criança,
Pintava como ela só.

Gostava de desenhar
E passava horas a fio
Fazendo os seus desenhos
Pertinho de um grande rio.

Foi lá em Porto Seguro,
Onde está a sua aldeia,
Que Arissana foi feliz
Com seus desenhos na areia.

Era tanto o seu amor
Pelas artes e pinturas,
Que resolveu estudar
Desenho e outras gravuras.

Entrou para a faculdade
E Artes Plásticas estudou,
Mas na universidade
Muita gente estranhou.

Diziam: "Quem é ela
para estar na faculdade?
É uma indígena mesmo?
Indígena de verdade?".

Arissana enfrentou
Racismo e preconceito,
Mas pouco depois se formou
E hoje tem muito respeito.

Ensina para seu povo,
E para quem quiser saber,
Cultura através da arte.
Uma beleza de ver!

Suas obras são a mostra
E expressão do seu povo.
E hoje ela nos diz:
"Faria tudo de novo!".

Palmas para Arissana,
Que nos ensina com arte.
Também a mulher indígena
Pode estar em toda parte!

***Arissana Pataxó Braz** nasceu na cidade de Porto Seguro, no estado da Bahia. Ela passou a infância às margens do rio, onde aprendeu a se maravilhar com as belezas da natureza. Arissana estudou Artes Plásticas e suas belas obras encantam pela força e originalidade.*

Conceição e as letras do dia a dia

Da terra do pão de queijo,
Chamada Minas Gerais,
Veio a grande Conceição.
Essa mulher é demais!

De família muito pobre,
Segunda de nove irmãos.
Com o seu coração nobre,
Se revelou pelas mãos.

Com sua escrita tão bela,
De alta sensibilidade,
Nos transforma com a palavra
E nos faz ver a verdade.

As Letras ela estudou
E se tornou escritora,
Lançou inúmeros livros
E hoje é uma grande autora.

Seus escritos são tesouro
De alcance mundial.
Conceição com sua palavra
É patrimônio nacional!

Fazemos uma homenagem
A essa grande mulher,
Mas nos faltam as palavras
Pra dizer quem ela é!

Tamanha admiração
Essa mulher nos desperta.
Salve, nossa Conceição,
Que tem a palavra certa!

***Conceição Evaristo** se formou em Letras, estudou muita Literatura e se tornou professora de Universidade. Os seus livros abordam temas como racismo, pobreza e desigualdade de direitos entre homens e mulheres. Conceição é reconhecida por escrever a partir das vivências do dia a dia e se tornou uma das principais vozes das mulheres negras na literatura brasileira.*

Marielle e a Sociologia

Nascida em uma favela,
Filha da periferia,
Marielle é o nome dela,
Uma luz que ainda nos guia!

Não teve a vida fácil,
Ela muito batalhou.
Com sua luta e esforço,
Na faculdade ingressou.

Cursou Sociologia,
Ampliou sua visão,
Sabia que o caminho
Era pela Educação.

Defensora dos direitos
De quem só queria ter
Respeito e dignidade
Para poder bem viver.

Sua luta incomodava,
E ela muito acrescentou,
Até que, num dia triste,
O ódio a acertou.

Erraram os que pensaram
Que ela seria esquecida,
Pois Marielle é semente
Todo dia renascida.

Certeza que, entre a gente,
Suas ideias vão resistir.
Será muito diferente
E um novo dia há de vir
Quando toda a nossa gente
Puder voltar a sorrir.
É Marielle presente!
Pois nos corações e mentes
Ela permanece aqui.

***Marielle Franco** nasceu no Rio de Janeiro e se formou em Sociologia, que significa o "estudo das sociedades". Ela estudou o comportamento das pessoas e a maneira de se organizarem em grupos. Marielle foi eleita vereadora do Rio de Janeiro e atuou defendendo os direitos das mulheres e dos moradores de favelas. Em 2018, foi vítima de um atentado brutal que lhe tirou a vida.*

Sobre a autora

Para quem não me conhece
Minha história vou contar.
Sou juíza de direito
E gosto de exercitar
A palavra e o verbo
Aqui, ali e acolá!
Vim do Rio de Janeiro,
Da Baixada Fluminense,
Mas hoje moro distante,
Em um lugar diferente.
Estudei muito na vida,
Cursei duas faculdades,
Mas sei que não é diploma
Que nos traz felicidade!
O importante é ter
Respeito e dignidade,
Falando sempre a verdade
E sem fazer a maldade.
Procuro ao final do dia,
Em forma de oração,
Somente agradecer
Pela saúde e o pão.
É isso o que eu tento
No meu simples proceder.
Não me meter em apuros
E conseguir bem viver.
E se há um dia mais duro,
Virá um novo amanhecer.
É essa a minha fé
Que ofereço a você!

***Flávia Martins de Carvalho** é juíza de direito no Tribunal de Justiça de São Paulo e juíza auxiliar no Supremo Tribunal Federal. Mulher preta e pobre da Baixada Fluminense, região periférica do Rio de Janeiro, além de juíza, tornou-se escritora, pesquisadora, professora e palestrante nas áreas de Direito e Literatura, Raça, Gênero e Teoria Jurídica. Atuou como coordenadora adjunta do Fórum de Grupos de Pesquisa em Direito Constitucional e Teoria do Direito no período de 2011 a 2014. É conselheira consultiva do Instituto Brasileiro de Direito da Criança e do Adolescente (IBDCRIA-ABMP). Formada em Comunicação Social e em Direito, é mestra em Direito pela Universidade Federal do Rio de Janeiro (UFRJ) e doutoranda em Filosofia e Teoria Geral do Direito pela Universidade de São Paulo (USP). Participou do Grupo de Trabalho sobre Questões Raciais no âmbito do Poder Judiciário, instituído pelo Conselho Nacional de Justiça (CNJ). Integra o coletivo que organiza o Encontro Nacional de Juízas e Juízes Negros (ENAJUN) e o Fórum Nacional de Juízas e Juízes contra o Racismo e todas as formas de Discriminação (FONAJURD). Foi coordenadora adjunta das obras "Desafios da Constituição: Democracia e Estado no Século XXI" (2011) e "O saber como resistência: I coletânea ENAJUN/FONAJURD" (2022). Nasceu no Rio de Janeiro em 11 de maio de 1974.*